Inhalt

Öko-Tourismus - Kann Reisen umwelt- und sozialverträglich sein?

Kernthesen

Beitrag

Fallbeispiele

Zahlen und Fakten

Weiterführende Literatur

Impressum

GENIOS BranchenWissen Nr. 12/2005 vom 16.12.2005

Öko-Tourismus - Kann Reisen umwelt- und sozialverträglich sein?

Autor GENIOS BranchenWissen: I.Zeilhofer-Ficker

Kernthesen

- Umwelt- und sozialverträgliches Reisen ist ein Nischenprodukt nur drei bis fünf Prozent aller Reisen fallen weltweit unter die Kategorie Öko-Tourismus.
- In Entwicklungsländern ist der Tourismus häufig nicht nur wichtiger Devisenbringer, sondern für Viele die einzige Möglichkeit, Broterwerb mit dem Schutz der Umwelt zu verbinden.
- Da Flugreisen einen extrem hohen Ausstoß von CO_2 verursachen, können Reisende durch eine Ausgleichszahlung an Atmosfair für eine entsprechende CO_2-Einsparung an

anderer Stelle sorgen.

Beitrag

Die Verantwortung für die Natur rund um den Globus sowie für Menschen, denen es schlechter geht als uns, ist Vielen ein wichtiges Anliegen. Durch ökologisches Reisen, d. h. Reisen auf umwelt- und sozialverträgliche Weise, will man diesem Anspruch auch im Tourismusbereich gerecht werden.

Öko-Tourismus versus Massentourismus?

Der Begriff Öko-Tourismus wird nicht überall gleichbedeutend verwendet. Amerikaner und Engländer verstehen unter Eco-Tourism alle Reisen, die die Natur zum Ziel haben. Bei uns wird die Bezeichnung etwas enger gefasst, und das ökologische Reisen hat den Anspruch, soweit als möglich umwelt- und sozialverträglich zu sein. (1)

Doch kann Reisen überhaupt umweltverträglich sein? Das Flugzeug gilt als das umweltschädlichste Transportmittel überhaupt. Ein Flug von Frankfurt nach New York und zurück beispielsweise verursacht einen CO_2-Ausstoß von über 4000 Kilogramm pro

Fluggast. Die Jahresemission eines Durchschnittsinders von 900 Kilogramm CO_2 macht sich dagegen ziemlich bescheiden aus. Doch auch die Anfahrt mit dem Auto kann nicht wirklich umweltfreundlich genannt werden, und die oft beschwerliche Bahn- oder Busanreise nehmen nur wenige in Kauf. (1), (2)

Obwohl die großen Tourismus-Konzerne ihr Interesse am Umweltschutz immer wieder lautstark bekunden, sind das Resultat oft Massentourismus in umzäunten All-inklusive-Anlagen für Pauschalurlauber, denen es im Grunde eigentlich egal ist, in welchem Land sie sich gerade befinden, solange sie nur den von zu Hause gewohnten Luxus mit Sonne und Strand kombinieren können. Von den Gewinnen dieser Anlagen sieht die oft bettelarme Bevölkerung des Landes nur wenig und das Ergebnis sind nicht selten zusätzliche Müllberge und (noch) weniger Trinkwasser für die Einheimischen. (3), (4), (5)

Der Öko-Tourismus oder auch nachhaltige Tourismus hat sich andere Ziele gesetzt. Die Natur soll möglichst wenig gestört werden, das Geld für diese Reisen soll in den Zielländern verbleiben und den dort lebenden Menschen sollen durch den Erhalt der Natur und die dadurch angelockten Gäste auskömmliche Einnahmequellen erschlossen werden. Denn der Tourismus ist gerade für

Entwicklungsländer eine wichtige Devisen-Quelle, für jedes dritte Entwicklungsland sogar die wichtigste. (6)

Doch auch viele Pauschalreiseveranstalter haben erkannt, dass sie sich mit der Ausbeutung und Zerstörung von Urlaubsgebieten ihre eigene Geschäftsgrundlage entziehen und Initiativen gestartet, die sich für zukunftsfähigen Tourismus einsetzen. Einige Veranstalter engagieren sich konkret in Projekten der dritten Welt, bauen Dörfer oder Waisenhäuser und fördern Umweltprojekte. (7)

Tourismus als Chance

Die Regenwälder der Erde sind bedroht. Denn fehlende alternative Einnahmequellen zwingen die Bewohner oft dazu, die Wälder abzuholzen oder abzubrennen, um Land für den Ackerbau zu gewinnen. Nur so kann die Familie ernährt werden. Da dieses Land aber nicht sehr fruchtbar ist, wird schon nach kurzer Zeit weiter gezogen und das nächste Stück Wald vernichtet. Obwohl große Gebiete der dritten Welt mittlerweile unter Naturschutz gestellt wurden, fehlt es häufig an den notwendigen Mitteln, den Schutz zu gewährleisten und durchzusetzen. (9), (10), (11)

Hier setzen viele Öko-Tourismus-Projekte an. Die Menschen bekommen Arbeit als Wildhüter, Reiseführer oder Hotelpersonal. Nahrungsmittel für Hotelgäste werden von Einheimischen bezogen und durch Pachtzahlungen und Gewinnbeteiligungen wird die Situation der Dorfgemeinschaften verbessert. Die Einheimischen lernen schnell, dass diese Einnahmequelle von intakten Ökosystemen, von Wäldern, Dschungel und wilden Tieren abhängt. Deshalb wird die Umwelt geschützt. Ein wirklicher Gewinn für alle. (9), (11)

Öko-Reisen im Aufwind

Lediglich drei bis fünf Prozent aller Reisen entfallen laut Umweltprogramm der Vereinten Nationen (UNEP) auf die Kategorie Umwelttourismus. Aber der Anteil steigt. Der Verband Forum anders Reisen e. V., der mittlerweile über 120 durchwegs kleine Veranstalter als Mitglieder gewinnen konnte, verzeichnet jährliche Zuwachsraten, die weit über denen in der Touristik-Branche üblichen liegen. Und auch die Öko-Hotels und Bio-Bauernhöfe melden steigende Gästezahlen. Ein Großteil des sanften Tourismus findet im deutschsprachigen Raum statt. Oft ist die Bahnanreise möglich, das Reisen per

Fahrrad oder zu Fuß findet weiterhin viele Liebhaber. Immer mehr Urlaubsorte stellen sich auf die Bedürfnisse dieser Gäste ein, bieten Gepäcktransport, Fahrrad-Reparaturmöglichkeiten oder Zubringerdienste an. (1), (2), (8)

Aufs Fliegen verzichten?

Für viele Menschen liegt der Reiz des Reisens am Kontakt zu fremden Kulturen und Lebensweisen, am Aufenthalt in spektakulärer Natur, am Beobachten von exotischen Tieren in freier Wildbahn, die man zu Hause nur im Zoo begutachten kann. Viele dieser Ziele sind aber nur mit dem Flugzeug in annehmbarer Zeit erreichbar. Als Ausgleich für die dadurch entstehende Klimabelastung kann man bei Atmosfair, einer gemeinnützigen Initiative von German Watch, eine Zahlung leisten, die für konkrete Umweltprojekte, die Kohlendioxid einsparen, verwendet wird. Die durch das Fliegen verursachten CO_2-Emissionen werden dadurch an anderer Stelle neutralisiert. Für den oben erwähnten Flug von Frankfurt nach New York wären laut Emissionsrechner von Atmosfair 74 Euro zu zahlen. (12)

Unwelt- und sozialverträgliches Reisen ist also

wirklich möglich. Und es ist für viele Menschen in Entwicklungsländern die einzige Alternative für einen umweltverträglichen Broterwerb.

Fallbeispiele

Organisationen, die den sanften Tourismus fördern wollen

Die führenden Umweltzeichen Europas haben sich unter dem Namen **Visit** zusammengeschlossen und diverse Standards entwickelt, die auf jeden Fall mehr vorschreiben als die lokale Gesetzgebung. Produkte für sanftes, nachhaltiges oder ökologisches Reisen listet die Datenbank **Green Travel Market** und das Netzwerk für nachhaltigen Tourismus in Europa **Ecotrans** nennt 21 Schlüsselkriterien, denen ihre Mitglieder entsprechen müssen. Zusammen mit dem **Netzwerk für europäischen Tourismus mit sanfter Mobilität (NETS)** schrieb Ecotrans im letzten Jahr einen Wettbewerb für innovative Urlaubsangebote aus. Zu den Gewinnern gehören die Gemeinde Werfenweng, Ameropa, Lübeck-

Travemünde Tourismus sowie das Naturhotel Steinschalerhof. (13), (14)

Die Umweltauszeichnung 2005 des DRV (Deutscher Reiseverband) erhielt der Reiseveranstalter **Boogie Pilgrim** für sein Öko-Tourismusprojekt Soa Zeltcamp auf Madagaskar. (15)

Auf der Lernplattform **www.visumtourism.ch** kann man jede Menge an Informationen über nachhaltigen Tourismus abfragen. Man erhält dort aber auch viele Informationen über den nicht so umweltfreundlichen Massentourismus. (16)

Einige Beispiele für Okö-Tourismus Reiseziele

Naturschutzgebiete

Der Bund für Umwelt und Naturschutz (BUND) veranstaltet jährlich um die 30 Reisen in Naturschutzgebiete, die alle mit der Bahn angefahren werden. Die Reisen des Naturschutzbundes (Nabu) laufen über den Veranstalter Travel-to-nature, der allerdings auch Flugreisen zu Zielen wie Costa Rica anbietet. Das Atmosfair-Zertifikat wird hierfür selbstverständlich mit angeboten. (17)

Hunsrück

Im Hunsrück ist man sehr auf Rad fahrende und wandernde Touristen eingestellt. Hier gibt es sogar einen Bus, der die Fahrradstrecke abfährt und müde Radler aufnimmt. (8)

Gambia: Tumani Tenda

Das gambische Dorf Tumani Tenda unterhält ein Ecotourism-Camp, das jedes Jahr von rund 150 Reisenden besucht wird. Von dem Camp profitieren nicht nur die 12 Angestellten sondern auch die restliche Dorfgemeinschaft. (4)

Kenia: Shompole Lodge

Auch die Shompole Lodge in Kenia arbeitet nach diesem Prinzip. Die Massai stellten das Land für die Lodge zur Verfügung, 200 Dorfbewohner waren mit dem Bau beschäftigt und 80 Prozent des Hotelpersonals sollen aus der Dorfgemeinschaft kommen. Die mangelnde Ausbildung ist (noch) Hinderungsgrund dafür, das letztgenannte Ziel zu erreichen. Die Massai-Gemeinschaft erhält jeweils 30 Prozent des Gewinns der Lodge. (11)

Ecuador: Kapawi-Lodge

Die Kapawi-Lodge in Ecuador setzt ganz und gar auf Natur. Die Häuser und Hütten sind aus Holz gebaut und ein Großteil der Nahrungsmittel sowie andere notwendige Dinge wie beispielsweise Duschgel stammen aus dem umliegenden Regenwald. Für die einheimischen Achuar ist die Lodge eine wichtige Einnahmequelle. (18)

Zahlen & Fakten

Forum anders Reisen e. V.: (1)

125 Veranstalter arbeiten nach einem streng festgelegten Kriterienkatalog

Umsatz: über 100 Millionen Euro

Reisende: rund 70 000

Atomsfair: (12)

Umsatz im ersten Jahr: 80 000 Euro von 3 000 Fluggästen

Spendenbescheinigungen sind möglich

Weiterführende Literatur

(1) Ferien im Entwicklungsland
aus Süddeutsche Zeitung, 01.12.2005, Ausgabe Deutschland, S. 43

(2) Nicht das Tafelsilber verkaufen Reiseveranstalter versichern: Wer umweltverträglich reist, braucht auf Genuss und Luxus keineswegs zu verzichten
aus Frankfurter Rundschau v. 12.03.2005, S.30, Ausgabe: S Stadt

(3) Forschung für einen "sanften" Tourismus
aus Stuttgarter Zeitung, 10.06.2005, S. 25

(4) Gambia: Auf der Suche nach der eigenen Zeit

aus netzeitung.de vom 29.11.2005

(5) "Wir müssen mehr reisen" Wolf Michael Iwand steht für das ökologische Engagement des TUI-Konzerns. Er kämpft für weniger Wasserverbrauch in touristischen Anlagen und den Schutz der Landschaft. Beim Fliegen allerdings setzt er ganz auf die freien Kräfte des Marktes
aus taz, 11.06.2005, S. 15

(6) Fluch und Segen des Tourismus Das Geld der Fernurlauber eröffnet Entwicklungsländern verheißungsvolle Möglichkeiten – und birgt gleichzeitig Gefahren für Land und Leute
aus Frankfurter Rundschau v. 10.08.2005, S.32, Ausgabe: S Stadt

(7) Ablass für alte und neue Sünden
aus Süddeutsche Zeitung, 15.03.2005, Ausgabe Deutschland, S. V2/4

(8) Ökologische Reisen sind nicht teuer Urlaub vor der Haustüre bietet Alternativen
aus Allgemeine Zeitung vom 8.7.2005

(9) 600 Kilometer sattes Grün Im Nationalpark Noel Kempff Mercado befanden sich in den 1980er-Jahren die größten Drogen-Labore Boliviens. Heute aber sollen Ökotouristen seinen gewaltigen Artenreichtum erkunden
aus taz, 02.07.2005, S. 15

(10) "Das Naturerbe muss erhalten bleiben"
aus Stuttgarter Zeitung, 30.06.2005, S. 25

(11) Die weisen Massai
aus Süddeutsche Zeitung, 03.11.2005, Ausgabe Deutschland, S. 47

(12) Sauber Fliegen Eine Umweltinitiative verkauft Fluggästen ein gutes Gewissen und finanziert so den Klimaschutz
aus Frankfurter Rundschau v. 06.08.2005, S.31, Ausgabe: S Stadt

(13) Visit Garantiert ökologisch
aus taz, 06.08.2005, S. 13

(14) Urlaub vom Auto
aus Sonntag Aktuell, 24.07.2005, S. 25

(15) Madagaskar-Urlaub mit gutem Gewissen Keine "Spuren" hinterlassen
aus LVZ/Leipziger-Volkszeitung, 19.11.2005, S. 28

(16) Nachhaltiger Tourismus auf Lernplattform im Internet
aus Neue Zürcher Zeitung, 01.12.2005, Nr. 281, S. 11

(17) Wiedehopf und Hefezopf
aus Süddeutsche Zeitung, 20.09.2005, Ausgabe Deutschland, S. 44

(18) ECUADOR Ein Leben mit Mutter Erde und Vater Wald Achuar-Indianer sehen den Öko-Tourismus als

Chance
aus Berliner Zeitung, Ausgabe 206 vom 03.09.2005, S. R01

Impressum

Öko-Tourismus - Kann Reisen umwelt- und sozialverträglich sein?

Bibliografische Information der deutschen Nationalbibliothek

Die Deutsche Nationalbibliothek verzeichnet diese Publikation in der deutschen Nationalbibliografie; detaillierte bibliografische Daten sind im Internet über http://dnb.d-nb.de abrufbar.

ISBN: 978-3-7379-2939-4

© 2015 GBI-Genios Deutsche Wirtschaftsdatenbank GmbH, Freischützstraße 96, 81927 München, www.genios.de

Alle Rechte vorbehalten. Dieses Werk ist einschließlich aller seiner Teile – z.B. Texte, Tabellen und Grafiken - urheberrechtlich geschützt. Jede Verwertung außerhalb der Grenzen des Urheberrechtsgesetzes bedarf der vorherigen Zustimmung des Verlags. Dies gilt insbesondere auch für auszugsweise Nachdrucke, fotomechanische

Vervielfältigungen (Fotokopie/Mikroskopie), Übersetzungen, Auswertungen durch Datenbanken oder ähnliche Einrichtungen und die Einspeicherung und Verarbeitung in elektronischen Systemen.